BOCHOLT

Text Elisabeth Bröker
Hansjörg Laute
Bild Wolfgang Rösler

Verlag Wolfgang Weidlich Frankfurt

FOTONACHWEIS Foto Studio Rösler, Bocholt Umschlag, 1, 2, 3, 4, 5, 6, 7, 11, 16, 17, 18, 20, 22, 23, 24, 25, 28, 29, 30, 34, 36, 37, 39, 40. Josef Halbfas, Bocholt 8, 9, 10, 31, 33. Candid Lang, Adliswil 15. Bocholter Wohnungsbau GmbH, Bocholt 26, 27. Foto Maltejat, Bocholt 32. Aero-Lux, Frankfurt am Main 38 (freig. Reg.-Präs. Wiesbd. Nr. 393/66). Stadtarchiv, Bocholt 12, 13, 14, 19, 21, 35, 45, Vor- und Nachsatz. Foto-Pitz, Bocholt 41. Firma Olbrich, Bocholt 42. Firma Flender, Bocholt 43. Jost Springensguth, Bocholt 44. Fritz Demes, Bocholt 48.

Klischees: Brücken-Klischee, Frankfurt, und JUP, Berlin
Satz und Druck: Paul Christian KG, Horb
Einband: Fritz Wochner KG, Horb
Printed in Germany
ISBN 3 8035 0443 0

Geschichte der Stadt Bocholt

Wenn die Geschichte einer Stadt mit der ersten Erwähnung ihres Namens in schriftlichen Quellen beginnt, ist der Anfang der Geschichte Bocholts in das Jahr 779 zu setzen. Die fränkischen Reichsannalen berichten, daß damals König Karl mit seinem Heer bei Lippeham, d.h. nahe der Lippemündung, den Rhein überschritt, bei dem Orte »Buocholt« den Widerstand der Sachsen niederschlug und sich damit den Weg nach Westfalen erkämpfte.
Bodenfunde geben sichere Kunde, daß schon in weit älterer Zeit Menschen im Bocholter Raum ansässig waren. Begräbnisstätten, die in der Umgebung der Stadt aufgedeckt wurden, lassen auf Siedlungen in vorchristlicher Zeit, meist an den höher gelegenen Ufern des Aaflusses, schließen. Daß die Römer auf ihren kriegerischen Unternehmungen, die sie von ihrem Standort Vetera (Birten bei Xanten) in das Innere Germaniens führten, auch durch das Bocholter Gebiet gezogen sind, ist anzunehmen, aber nicht sicher nachweisbar. Später verlief nicht weit von Bocholt die Grenze zwischen dem römischen Gebiet und dem freien Germanien, ein breiter Streifen von Bruch- und Ödland, der sich auf dem Rheinufer ostwärts bis zur Issel von der Lippe rheinabwärts hinzog. Gegen Ende des ersten nachchristlichen Jahrhunderts besetzten die Chamaven, die zum Stammesverband der Franken gehörten, vom Raum Deventer-Zutphen aus das Land nördlich der Lippe. Einige Jahrhunderte später stießen von Osten her die Sachsen in das heutige Westmünsterland vor und eroberten es bis zur Issel, ohne jedoch die chamavische Bevölkerung zu verdrängen. So entstand das sächsische Chamaven- oder Hamaland, das in mancher Hinsicht, in Mundart, Sitte und Brauchtum, vom Westmünsterland verschieden, dem benachbarten niederländischen Gebiet aber ähnlich ist.
Die Grenze zwischen den Franken und Sachsen bildete um 700 die Issel. Daß der Bocholter Raum sächsisches Grenzgebiet war, wird aus dem schon genannten Bericht der fränkischen Reichsannalen deutlich: Der Sieg bei Bocholt öffnete dem Frankenkönig, der vom Rhein kam, den Weg ins Westfalenland.
Mittelpunkt der Bocholter Landschaft war der Haupthof Bocholt mit seinen Unterhöfen. Seine Solstätte lag nicht weit vom Ufer der Aa und von einer Kreuzung alter Wege, die vom Rhein her in das Innere des Landes führten. An einem der Wege befand sich, nahe einer Furt durch die Aa, eine bekannte Gerichtsstätte, die »Dingbänke«, die noch während des ganzen Mittelalters vom Go- und vom Freigericht benutzt wurde.
Die christlichen Missionare, die vom Frankenkönig zu den Sachsen gesandt wurden, erkannten die zentrale Bedeutung dieses Ortes und errichteten auf dem Grund und Boden des Hofes Bocholt die erste Kirche.
Um die Kirche und den Hof bildete sich im Laufe der Zeit eine dörfliche Siedlung, auf die der Name des Hofes überging. 1142 wird dieses Dorf Bocholt urkundlich erwähnt. Der Hof selbst erhielt zur Unterscheidung die Benennung »Welschelo«. An den Zugangswegen siedelten sich neue Bewohner an. Auf dem Dorfplatz war Gelegenheit zum Austausch von Waren gegeben, woraus sich ein erster Markt entwickelte.

Als Bischof Hermann II. von Münster (1179–1202) in seinem Lande ein geordnetes Städtewesen einrichtete, erschien es ihm wichtig, die Westgrenze gegen die niederrheinischen Grafen durch die Anlage eines befestigten Ortes zu sichern. Deshalb verlieh er 1201 dem Dorf Bocholt Weichbildrecht, d.h. er löste es aus dem umgebenden Landrecht heraus und gab ihm Ortsrecht (wicbilethe). Bocholt bildete nun einen eigenen Gerichtsbezirk, der durch Friedpfähle gekennzeichnet war. Wahrscheinlich wurde er auch schon durch eine Schutzwehr aus Wall und Graben gesichert. Der zweite Nachfolger Hermanns, Bischof Dietrich III. (1218–1226), suchte die Entwicklung des Wigboldes Bocholt noch mehr zu fördern, das »...ohne unsere Unterstützung nicht bestehen kann, weil es ständig und täglich feindlichen Angriffen ausgesetzt ist«. Darum zeichnete er in dem großen Stadtprivileg vom 17. Januar 1221(2) das Wigbold samt seinen Bewohnern mit einem besonderen Recht aus: »...sie sollen sich ganz und in allem genau desselben Rechtes erfreuen und nach demselben Rechte sich regieren, dessen sich die Stadt Münster mit ihren Bewohnern innerhalb des Stadtumfanges gemeiniglich bedient«. Durch die Verleihung des münsterischen Stadtrechts sollte die Bedeutung, die Bocholt als Grenzstadt hatte, gehoben, die Zuwanderung in die Stadt angeregt und ihre Wehrkraft verstärkt werden. Denn die Angriffe feindlicher Nachbarn, von denen das Stadtprivileg spricht, hielten an. Die folgenden Jahrhunderte waren angefüllt mit Fehden und Streitigkeiten; kriegerische Auseinandersetzungen des Landesherrn mit den einheimischen Adelsgeschlechtern und Kämpfe mit den benachbarten Fürsten beunruhigten immer wieder das Land. Im Westen versuchten die Grafen von Kleve, deren Gebiet von der Lippe bis hinunter nach Emmerich reichte, und die Grafen von Geldern, deren Gebiet nördlich an die münsterische Diözese stieß, ihre Grenzen immer wieder nach Osten vorzuschieben. Durch seine Lage an der äußersten Grenze des Landes wurde Bocholt in diese Auseinandersetzungen stark hineingezogen. In der klevischen Fehde (1427–1438) führten die verworrenen Hoheits- und Gerichtsverhältnisse in Dingden und Brünen zu Zerwürfnissen, zu Kampf und Waffengewalt. Der Bischof von Münster weilte während dieser Zeit wiederholt in Bocholt; aber auch der Herzog von Kleve erschien mit seinem Heer vor den Mauern der Stadt. – In der wenige Jahre später entbrennenden Soester Fehde (1445–1449), einem schweren Krieg der Stadt Soest gegen den Erzbischof von Köln, in dem die westfälischen Städte sich mit Soest verbündeten, gab der Austritt Bocholts aus diesem Städtebündnis dem Herzog von Kleve Anlaß, erneut gegen Stadt und Amt Bocholt feindlich vorzugehen. 1448 wurde Bocholt von den Klevischen bombardiert, Amt und Kirchspiel wurden von den feindlichen Reitern verwüstet. – Nach dem Tode des Fürstbischofs Heinrich führten Streitigkeiten bei der Wahl seines Nachfolgers zu der blutigen münsterischen Stiftsfehde (1450–1457). Bocholt gehörte zu den wenigen Städten des Stifts Münster, die auf Seiten des vom Domkapitel gewählten und vom Papst bestätigten Bischofs Walram von Moers standen. Dies nutzte der mit der Gegenpartei verbündete Herzog von Kleve zu feindlichen Einfällen in das Bocholter Gebiet.

Diese sturmbewegten rauhen Zeiten brachten zwar Unruhe und Not über die Menschen; sie wurden aber der Entwicklung der Stadt selbst zum Vorteil.
Sie förderten die Einwanderung vom ungeschützten Land in die mit Mauer, Wall und Graben befestigte, Sicherheit bietende Stadt. Daß die Einwohnerzahl Bocholts schon bald nach der Verleihung des Stadtrechts zugenommen hat, beweisen die um 1300 abgeschlossenen Erweiterungen des Stadtgebietes nach Osten und Nordosten und die damit verbundene Verlegung der Stadtbefestigung. Auch die kleine Steinkirche reichte für die wachsende Einwohnerzahl nicht mehr aus. Man baute an ihrer Stelle eine dreischiffige romanische Basilika von ansehnlichen Ausmaßen, wie die bei den Ausgrabungen 1949/50 zu einem großen Teil freigelegten Fundamente erkennen lassen. Um 1310 wurde die Gründung einer zweiten Pfarrkirche durch Stiftungen ermöglicht.
Die unruhigen Zeiten zwangen die Bürger, ständig die Stadtbefestigung in Ordnung zu halten bzw. auszubauen. Die ersten Anlagen waren vielleicht schon nach der Verleihung des Weichbildrechtes (1201), mit Sicherheit aber nach der Stadterhebung (1222) geschaffen: der von der Aa gespeiste Stadtgraben und hinter diesem der Wall mit dem Plankenzaun. An der Einmündung der Hauptwege wurden die Stadttore eingebaut, deren es vier gab: im Süden das Neutor (1308 zuerst genannt), im Westen das Ravarditor (1310 erste Erwähnung, im Norden das Viehtor und im Osten das Ostertor, die beide etwas später genannt werden. Um 1400 schützte schon eine steinerne Ringmauer mit Türmen das Stadtgebiet, und zu dem Binnengraben hatte man noch einen Butengraben hinzugefügt.
Die Bürger der Stadt hatten nicht nur Rechte, sondern auch Pflichten. Zu diesen zählte neben den Abgaben, die sie zu entrichten hatten, ihre Mitarbeit an der Sicherheit und dem Schutze der Stadt. Sie waren zum »Burwerken«, d. h. zur Mithilfe an den Festungsarbeiten verpflichtet. Bei Kriegsgefahr mußten sie Waffendienst leisten. Dann wurde durch Glockenschlag oder Hornruf die ganze Bürgerschaft aufgerufen. Den Kern der Bürgerwehr bildeten die vier Schützengilden.
Der Rat der Stadt Bocholt hat später einmal gegenüber der fürstbischöflichen Landesregierung geltend gemacht, daß Bocholt durch seine Mauern und seine Wehrkraft oft den Ansturm äußerer Feinde auf das Fürstbistum Münster aufgehalten und abgewehrt und »allzeit als ein vormauer und propugnaculum des Stiftes zum Wohle desselben mehr ausgestanden habe als andere Städte«. Die Treue, mit der die Stadt Bocholt in fast allen Streitigkeiten und Fehden des 14. und 15. Jahrhunderts auf der Seite des Landesherrn stand und der Pflicht der Heeresfolge sich nicht entzog, brachte ihr manche Freiheiten und Vergünstigungen ein.
Als um die Mitte des 15. Jahrhunderts mit dem Ende der Streitigkeiten und Fehden eine friedliche Zeit für das Stift Münster begann, konnte sich auch das städtische Leben Bocholts voll entfalten. Die Stadt zählte etwa 1700–1800 Einwohner. Sie war nach der Landeshauptstadt Münster, nach Warendorf und Coesfeld die bedeutendste Stadt des Fürstbis-

tums. Seit dem Landesprivileg von 1309 gehörte sie zu den landtagsfähigen Städten. Sie beteiligte sich an den verschiedenen Landesvereinigungen und Städtebündnissen. Wenn die Städte des Münsterlandes an der Borker Hegge, am Lünsberg bei Ramsdorf, tagten, nahm auch Bocholt an den Beratungen teil.

Die Verwaltung war schon bald nach der Stadtwerdung auf ein Kollegium von 12 Schöffen übergegangen, die aus ihrer Mitte zwei Bürgermeister wählten. Eine Urkunde von 1259 nennt zum ersten Male die Namen von 12 Schöffen. Hinzu kam der Rat, der 18 Ratsmänner zählte. Wichtige Ämter waren die des Stadtrentmeisters und des Stadtsekretärs. Die Mitglieder dieser Verwaltungsorgane wurden jedes Jahr von allen wahlberechtigten Bürgern am Dienstag nach Dreikönige in einem bestimmten Verfahren in indirekter Wahl gewählt. Die Wahl war einer der Höhepunkte im Jahresablauf des bürgerlichen Lebens und wurde mit Würde und in städtischer Freiheit getätigt. Bis in das 17. Jahrhundert nahmen der Landesherr oder seine Regierung darauf keinen Einfluß, wie überhaupt die städtische Verwaltung mit einem hohen Maß an Freiheit und Selbständigkeit geführt wurde. Wahrzeichen dieser städtischen Selbständigkeit war das Stadtsiegel, das für Bocholt erstmalig 1272 erwähnt wird; nur in einem Exemplar aus dem Jahr 1284 ist dieses älteste Siegel erhalten. Bocholt leitet von jeher seinen Namen von »Buchholz«, »Buchenwaldung« ab und führte daher stets eine kraftvolle Buche als Siegelbild, wie Stangenfall (Annalen) und nach ihm Hobbeling (Beschreibung des Stiftes Münster) hervorheben: »Den Namen soll sie von den Buchen tragen, weil sie am Ende des Buchholzes vorzeiten erbauet, und dieses soll auch die Ursache seyn, daß sie einen Buchbaum im Siegel führt.«

Sie hielten ihre Sitzungen im Rathaus, das 1350 zuerst erwähnt wird (»domus nova opidi«). Es lag »by den markede« (1425) und »bei der Kirchenmauer« (1553), also etwa an der gleichen Stelle wie das später, 1618–1621, erbaute Rathaus. 1482–1487 wurden allerhand Bauarbeiten an dem Rathaus vorgenommen, u. a. eine schiefergedeckte Laube vorgebaut. Hundert Jahre später ist aus den Ausgaben der Stadtrechnungen auf eine umfassende innere und äußere Renovierung des Bauwerkes zu schließen. Die Schauseite schmückte das Bild des Stadtpatrons St. Georg. Hier prangte als Hoheitszeichen das farbige Stadtwappen, so wie es in grüner Seide auf den roten Kissen gestickt wurde, die man für die Bänke der Ratskammer anschaffte, und in Rot und Gold von den erneuerten Stadttoren dem Bürger wie dem Fremden entgegenleuchtete.

Hauptnahrungs- und -erwerbsquelle der Bocholter bildete nach wie vor der Ackerbau. Um die Mauern der Stadt dehnten sich Äcker, Wiesen und Weiden, die von den hinter die sicheren Mauern der Stadt gezogenen Besitzern bewirtschaftet wurden. Daneben hatte sich im Laufe der Zeit in der Stadt auch das gewerbliche Leben, Handel und Handwerk, kräftig entwickelt. Wie in allen mittelalterlichen Städten waren die Handwerker zu Gilden zusammengeschlossen. Der älteste Gildebrief, der der Fleischhauer, ist von 1386 datiert. Ihm folgten die Schuhmacher 1406. In der Stadtrechnung von 1495 werden sechs eigentliche

Handwerkergilden und als siebente die Baugilde genannt, die alle Ackerbautreibende umfaßte. Die Gilden sorgten, daß gute Ware geliefert wurde und jedes Mitglied sein gutes Auskommen hatte. Sie feierten ihre Patronatsfeste und standen in Freud und Leid zusammen.

Die Produkte des Ackerbaus und die gewerblichen Erzeugnisse wurden auf dem Markt angeboten. Wann Bocholt sein erstes Marktrecht erhielt, ist urkundlich nicht zu belegen. Nach dem Privilegien- und Statutenbuch von 1481 besaß die Stadt das Recht des Wochenmarktes und drei freier Jahrmärkte. Von den meisten angebotenen Waren wurde der landesherrliche Zoll erhoben, der jedoch der Stadt verpfändet war und, da diese Verpfändung nicht eingelöst wurde, jahrhundertelang eine beträchtliche Einnahme der Stadt bildete.

Bocholts Handel scheint im 14. und 15. Jahrhundert nicht bedeutend gewesen zu sein. Es war vielmehr ein Nahhandel, der sich auf das Umland sowie die niederrheinischen und später niederländischen Nachbargebiete erstreckte. Als erster Tuchhändler wird Bernhard von Rhede 1350 in einer Urkunde des Stadtarchivs erwähnt.

In der Bürgerschaft herrschte ein emsiges Schaffen, und somit war auch das städtische Leben von einem gesunden Wohlstand gekennzeichnet. 1457 wird der erste in Bocholt ansässige Goldschmied in den Stadtrechnungen erwähnt. Zwei Jahrzehnte später, um 1475, ließ sich der bekannte Goldschmied und Kupferstecher Israhel van Meckenem, wahrscheinlich der Sohn des genannten ersten Goldschmiedes, in Bocholt nieder. Die wirtschaftliche Lage der Bürger erschien ihm so, daß er für seine Kunst, Goldschmiedearbeiten wie Kupferstiche, Interesse und Käufer erhoffte. Auch über die Stadt hinaus fanden seine Kupferstiche Verbreitung und machten somit Bocholts Namen weithin bekannt. Jacob Wimpheling nennt ihn 1505 neben Schongauer und Dürer und vermerkt: »Die Bilder des deutschen Israhel werden in ganz Europa sehr begehrt und stehen bei den Malern in höchstem Preise.«

Der Wohlstand und Gemeinsinn der Bocholter tat sich in der Verschönerung des Stadtbildes kund. Die Straßen wurden gepflastert. Statt der Lehm- und Fachwerkhäuser entstanden Backsteinbauten. Der Rat schenkte für jeden Backsteingiebel ein Drittel der Steine.

Das alte romanische Gotteshaus entsprach nicht mehr dem Stilgefühl der Zeit. Wie andere Städte des Münsterlandes, z. B. Vreden, Coesfeld, Lüdinghausen und Rheine, wollte auch Bocholt eine hochragende gotische Kirche besitzen, die vom kirchlichen Sinn der Bürger, aber auch von ihrer Wohlhabenheit und Verbundenheit mit ihrer Stadt Zeugnis geben sollte. Es entstand ein Bauwerk, das zu den bedeutendsten gotischen Kirchen Westfalens zählte. Die Bauzeit erstreckte sich über die Jahrzehnte von 1415 bis 1486. Mit dem Abbruch des Chores der alten Kirche wurde 1415 begonnen und der Grundstein zum neuen gelegt. 1486 waren die Bauarbeiten am gewaltigen Westturm abgeschlossen und damit das große Werk vollendet. — In ihm vereinigen sich Einflüsse aus dem westfälischen Raum, vom nahen Niederrheingebiet und aus dem benachbarten geldrisch-niederländischen Achter-

hoek. Während Chor und Querschiff westfälisch sind, weist das Langhaus deutliche Parallelen zu Kirchen im niederrheinischen Raum auf. Es stellt mit seinem überhöhten Mittelschiff eine Zwischenstufe zwischen Basilika und Hallenkirche dar, eine Pseudobasilika oder Stufenhalle, »eine Bauform, die kennzeichnend ist für eine größere, den klevischen Niederrhein umfassende und auch ins benachbarte Gelderland ausstrahlende Baugruppe«. Auch der auf den ersten Blick so westfälisch scheinende Westturm weist auf niederrheinische und niederländische Türme hin, z. B. auf St. Willibrord in Wesel, St. Aldegund in Emmerich, auf den Domturm in Utrecht und die Türme in Zevenaar und Didam. »So unterstreicht die Architektur der Georgskirche die Grenzlage Bocholts zwischen Westfalen und dem Niederrhein mit Ausstrahlungen in den geldrischen Achterhoek und damit in den Bereich der heutigen Niederlande.«
Es muß ein imposantes Bild gewesen sein, wie das hochragende Kirchenschiff und der gewaltige Westturm sich über die im Ring der Stadtmauer eng aneinander gebauten meist niedrigen Häuser erhoben. Das Bauwerk legt Zeugnis ab von der Glaubenskraft und dem Opfersinn der Bürger wie von der Bildung, Erfahrung und Tatkraft der damaligen Pfarrer, die durch ihre rastlosen Bemühungen den Plan ausführten und das Werk vollendeten.
Priester und Laien wetteiferten in der Ausstattung des Gotteshauses mit Altären und Bildwerk, mit kostbaren liturgischen Gewändern und Geräten, von denen u. a. ein in seiner Form vollendeter gotischer Kelch (1465) und die von der gleichen Meisterhand geschaffene prächtige Monstranz heute noch erhalten sind. Das altehrwürdige, aus der Zeit um 1350 stammende Gabelkreuz wird noch heute von den Gläubigen aus Stadt und Land sehr geliebt und verehrt. — Die Ausstattung der Kirche hat in den religiösen und künstlerischen Bewegungen der folgenden Jahrhunderte manche Veränderung erfahren. Durch Kriegseinwirkungen wurde das Bauwerk am 22. März 1945 so beschädigt, daß nur die Umfassungsmauern stehen blieben.
Schon um die Wende des 13. zum 14. Jahrhundert waren fast gleichzeitig zwei Frauenklöster in Bocholt errichtet worden. Das Große oder Weiße Kloster, das eine eigene Kirche besaß, war ursprünglich ein Haus der Franziskanertertiarinnen; später (1557) wurde es in ein freiweltliches Damenstift umgewandelt und von den Jungfern der Nachweis adeliger Herkunft verlangt. — In unmittelbarer Nähe befand sich das Kleine oder Schwarze Kloster, das 1309 als das »luttyke bekinnenhues« bezeichnet wird. Es nahm Töchter aus den Familien des Bürgertums wie des Adels auf. — Zu diesen beiden Klöstern wurde um die Mitte des 15. Jahrhunderts noch das Augustinerinnenkloster Marienberg am Schonenberg gegründet. Zu ihm gehörte die 1484—1489 erbaute Agneskirche; ihre einzigartigen spätgotischen Deckenmalereien zählen zu den Kunstwerken Bocholts, die leider der Zweite Weltkrieg vernichtet hat. — Die drei Klöster wurden durch die Säkularisation 1802/03 aufgehoben. Die Agneskirche ist heute die Kirche des Bocholter Krankenhauses.
Daß die Bocholter sich ihrer armen Mitbürger annahmen, beweist, neben zahlreichen ur-

kundlich festgelegten Stiftungen und Zuwendungen, die Einrichtung von zwei Armenhäusern. Ein Siechen- oder Melatenhaus vor dem Neutor der Stadt diente der Aufnahme und Versorgung von Aussätzigen. Das um 1560 erbaute Pesthaus wurde später umgebaut und als Waisenhaus eingerichtet.

Die Lateinschule stand unter städtischer Verwaltung. Es sind wenig Nachrichten über sie erhalten; aber Namen ihrer Schüler, Bocholter Studenten, sind in den Matrikeln der Universitäten von Köln und Heidelberg, von Erfurt, Wittenberg, Prag, Bologna und Orleans zu finden. Dr. Gerhardus de Bocholdia, Provinzial der Augustiner-Eremiten, war 1402 Dekan der theologischen Fakultät in Köln. Dr. Heinrich Urdemann wirkte 1470 als Dechant an St. Andreas in Köln, 1472—1485 als Kölner Offizial und wurde 1483 zum kaiserlichen Rat ernannt. Ein Mitglied der Bocholter Familie Mumme, Albert Mumme, war 1551—1557 Bürgermeister von Münster. Ein Bocholter, der es in Lübeck zu angesehener Stellung gebracht hatte, stiftete Geld für den Neubau der Georgskirche. Diese wenigen Namen mögen als Beispiel genügen für die stattliche Zahl von Bocholtern, die fern der Heimat zu Ansehen, Amt und Würden gelangten.

Um die Mitte des 16. Jahrhunderts faßte vom Niederrhein her ein neuer Gewerbezweig in Bocholt Fuß, der von entscheidender Bedeutung für das wirtschaftliche Leben der Stadt wurde. Wallonische Flüchtlinge, die in den Religionskämpfen um 1540 ihr Land verließen und im Herzogtum Kleve ansässig wurden, brachten die Kenntnis des neuen Rohstoffes, der Baumwolle und seiner Verarbeitung, mit in ihre neue Heimat. Im benachbarten Bocholt, wo Leinen- und Wollweberei nicht unbekannt waren, übernahmen die Weber bald den neuen Rohstoff und stellten aus Flachs und Baumwolle ein Mischgewebe, die Baumseide, her. Schon 1569 schlossen sie sich zu einer eigenen Gilde, dem Baumseidenamt, zusammen. 1576 folgte das Wülkeramt, 1615 die Gilde der Lakenbereiter und 1627 die der Linnentuchmacher. Der Aufschwung, den das textile Gewerbe somit erfuhr, wirkte sich auch auf den Handel aus. Der Absatz der Baumseidenstücke ging zunächst zum Niederrhein und in die Niederlande, aber auch in entferntere Gegenden Deutschlands. Der Ratsherr Bruns trieb in Hamburg Handel, und der Schöffe Peter van Husen in Livland, Dänemark und Böhmen. Der Hanse hat die Stadt Bocholt nur kurze Zeit angehört. Sie wurde auch nicht unmittelbares Mitglied, sondern nur Schutzgenossin. Als der erwartete Vorteil ausblieb, stellte sie das Zahlen des Beitrages ein und schied 1577 aus der Hanse aus. Man suchte durch bürgerliche Zusammenarbeit und eigene Initiative voranzukommen. So führte man 1593 Verhandlungen mit dem Rat der Stadt Emmerich über einen Schiffahrtsweg von der Bocholter Aa zum Rhein, ein Plan, der um 1650 wieder aufgegriffen wurde, aber auch dann nicht zur Ausführung kam.

Die neuen religiösen Bewegungen und Lehren des 16. Jahrhunderts verbreiteten sich auch nach Bocholt. Von den Niederlanden her fanden die Wiedertäufer unter der Bürgerschaft der Stadt viele Anhänger, so daß sie 1536 unter David Joris hier eine Synode halten konnten. Am Niederrhein hatte sich das Herzogtum Kleve, besonders die nahe Stadt Wesel, fast ganz der protestantischen Lehre zugewandt, die von dort auch die Entwicklung in Bocholt stark beeinflußte. Um 1550 waren bereits die meisten der bedeutenderen Familien der Stadt zum neuen Glauben übergetreten, und seine Anhänger hatten im Rat die Überhand. Sie stellten Stadtprädikanten für den Gottesdienst und Lehrer für die Schule aus dem klevischen und dem niederländischen Nachbargebiet ein. Als sie dazu übergingen, für deren Unterhalt Einkünfte erledigter Vikarien der Georgskirche einzuziehen und die Kirche selbst für ihren Gottesdienst zu benutzen, kam es zu Streitigkeiten unter den Anhängern des alten und des neuen Glaubens.

Die religiösen Neuerungen in Bocholt veranlaßten den damaligen Landesherrn Bischof Johann von Hoya und den zuständigen Archidiakon Gottfried von Raesfeld zu energischen Maßnahmen. Als der Rat allen Anordnungen des Archidiakons passiven Widerstand entgegensetzte, strengte dieser einen Prozeß gegen die Stadt an, der nach fünf Jahren 1587 durch einen Vergleich beendet wurde, in dem der Rat die alleinige Berechtigung der katholischen Religion zugestand. Trotz dieses Zugeständnisses änderte sich an der Einstellung von Bürgerschaft und Rat jedoch nichts. So begann auch der Kampf gegen die Wiedertäufer und die Protestanten von neuem und dauerte jahrzehntelang an.

Die Lage spitzte sich zu, als der Landesherr, um die große Selbständigkeit der Städte zu schwächen und ihre Freiheiten zu mindern, in ihre verbrieften Rechte eingriff und besonders das unantastbare Recht der freien Schöffen- und Ratswahl einzuschränken suchte. Auf die von der fürstlichen Regierung erlassene strenge Verordnung, daß nur solche Personen in den Rat gewählt werden durften, die der katholischen Religion zugetan waren und versprachen, sich jeder Neuerung zu enthalten, antworteten die Bocholter Wahlmänner, daß sie gewillt seien, die Schöffen nach Gesichtspunkten auszusuchen, die der Stadt und Gemeinde dienlich seien. 1612 wurde ein Rat gewählt, in dem kein Katholik vertreten war. Die Regierung drohte mit Ausweisungsbefehlen gegen die Wiedertäufer und Protestanten. 1625 werden 135 Bürger aufgezählt, die ihrer Religion wegen aus der Stadt »verwichen« waren.

Zu diesen inneren Wirren kamen die Bedrängnisse des Spanisch-Niederländischen Krieges, in die besonders seit 1583 auch das Münsterland, namentlich das Grenzgebiet, hineinbezogen wurde. Bocholt mußte unter hohen Kosten seine Befestigungsanlagen erneuern, um seine Bürger gegen die Kriegszüge beider Parteien zu schützen, die unaufhörlich das Land verwüsteten und seine Bewohner drangsalierten. Als 1598 der Oberbefehlshaber der spanischen Truppen, Mendoza, mit 30000 Mann ins Münsterland einrückte, mußte sich auch Bocholt ergeben und einen Teil des Heeres für fünf Monate in Winterquartiere nehmen, eine Einlagerung, die entsetzliches Elend über die wehrlose Bürgerschaft brachte. 1609 machte ein Waffenstillstand auf zwölf Jahre der Kriegsdrangsal ein Ende.

Kaum zehn Jahre später, am 9. Juni 1618, legten Bocholts Bürger den Grundstein zu ihrem

1 Das Rathaus der Stadt Bocholt, 1618—1621 im Stil der niederländischen Backsteinrenaissance erbaut
The town-hall of Bocholt, erected 1618—1621 in the style of Dutch brick Renaissance
Het raadhuis, gebouwd in de jaren 1618—'21, in de stijl van de Nederlandse baksteenrenaissance

2 Ein Blick aus den Rathauskolonnaden über den Markt auf die Oster- und Nordstraße im Zentrum
A view from the colonnades of the town-hall over the market-place towards the Oster and Nord streets in the centre of the city
Gezicht over de Markt van uit zuilengangen van het raadhuis op de Oster- en Nordstraße in het centrum

3 Der Rathauserker mit den auf Bleiglas dargestellten vier Bürgertugenden
The alcove of the town-hall with its lead glass windows, representing the four virtues of citizens
De erker van het raadhuis met de op glas in lood uitgebeelde vier burgerlijke deugden

DEICHMANN
ST. GEORGIUS
emarkt

4/5 Ein Blick in die Osterstraße, Fußgängerstraße in Bocholts Stadtmitte
A look into the Osterstrasse, a street reserved for pedestrians exclusively, midtown in Bocholt
Een kijkje in de Osterstraße. Winkelpromenade in het centrum van Bocholt

7 Die neue, 1963 erbaute Evangelische Apostel-Kirche in der Siedlung »Am Rosenberg«
The new, protestant, Apostles' Church, accomplished in 1963, in the residential quarters "Am Rosenberg"
De nieuwe, in 1963 gebouwde evangelische Apostel-Kirche in de buitenwijk „Am Rosenberg"

6 Westportal der St.-Georg-Kirche (1415—1486), gotische Hallenkirche mit niederrheinischem Einfluß
The Western portal of St. George's church (built 1415—1486), a Gothic hall-type church, influenced by Lower-Rhine style elements
De westellijke ingang van de St.-Georg-Kirche (1415—1486), gotische hallenkerk met Nederrijnse invloed

8 Kaufhaus Karstadt AG in der Innenstadt, Kreuzung Kaiser-Wilhelm-Straße, Hohenzollern- und Ebertstraße
Karstadt AG in downtown: The crossing of Kaiser-Wilhelm-Strasse, Hohenzollern- and Ebert-Strasse
Karstadt AG in de binnenstad, kruispunt Kaiser-Wilhelmstraße, Hohenzollernstraße en Ebertstraße

9 In Bocholts City: die Südbrücken
In the city of Bocholt: the Southern Bridges
In Bocholts city: de zuidelijke bruggen

11 Das seit Jahrhunderten in der Georgskirche verehrte »Bocholter Kreuz« (um 1350)

The "Cross of Bocholt" (created around 1350) ,which has been worshipped for centuries in St. George's church

Het sedert eeuwen in de Georgkirche vereerde „Bocholter Kreuz" (omstreeks 1350)

10 Romantischer Winkel an der Aa

Romantic corner at the Aa river

Romantisch hoekje aan de Aa

12 Melchior Kardinal von Diepenbrock, Fürstbischof von Breslau (* 1798 in Bocholt, † 1853 auf Schloß Johannesberg [Österr. Schlesien])

Melchior cardinal von Diepenbrock, prince bishop of Breslau (born in 1798 at Bocholt, † in 1853 at Johannesberg Castle/Austrian Silesia)

Melchior kardinaal von Diepenbrock, bisschop van Breslau (geb. 1798 te Bocholt, overl. 1853 op Schloß Johannesberg, Oostenrijks Silezië)

13 »Das ungleiche Paar«, aus der Folge »Verschiedene Darstellungen aus dem Alltagsleben« von Israhel van Meckenem. Er war von etwa 1475 bis 1503 in Bocholt als Goldschmied und Kupferstecher tätig

"The unequal couple" from the series "Various representations from everyday life" by Israhel van Meckenem. He lived and worked from about 1475 to 1503 in Bocholt as a goldsmith and copperplate engraver

„Het ongelijke paar", uit de reeks „Verschillende voorstellingen uit het dagelijks leven" van Israhel van Meckenem. Hij was van ongeveer 1475 tot 1503 in Bocholt als goudsmid en kopergraveur werkzaam

14 Die israelische Bildhauerin Ellen Bernkopf (Jerusalem) schuf 1970 Bocholts neues Mahnmal
The Israelitic sculptress Ellen Bernkopf of Jerusalem created in 1970 this new memorial for Bocholt
De Israëlische beeldhouwster Ellen Bernkopf (Jeruzalem) schiep in 1970 Bocholts nieuwe gedenkteken

15 Ellen Schwiers und Paul Hubschmid in einer Szene von Brunello Rondis Schauspiel »Die Reise«
The actors Ellen Schwiers and Paul Hubschmid in a scene of Brunello Rondi's play "The Travel"
Ellen Schwiers en Paul Hubschmid in een scène van Brunello Rondi's toneelstuk „De reis"

16 Teilansicht des St.-Georg-Gymnasiums mit einer Brunnenanlage am Benölkenplatz
Partial view of St. George's highschool and a fountain at the Benölkenplatz
Gedeelte van het St.-Georg-Gymnasium met een fontein aan de Benölkenplatz

neuen Rathaus. Der Plan, ein solches Werk zu errichten, bestand schon länger; nun ging man mit Eifer an seine Ausführung. 1619 war der Außenbau fertig, und aus dem Jahre 1621 liegt die Abrechnung des städtischen Werkmeisters über alle Bauarbeiten vor. — Besonderes Merkmal des Bauwerks ist die reiche Renaissance-Ausstattung der Vorderfront im Vergleich zu den fast schmucklos gehaltenen Giebelseiten. Rotes Backsteinmauerwerk wechselt mit heller Werksteingliederung und reichem bildhauerischen Schmuck. Das Erdgeschoß ist zur Marktseite hin in eine achtjochige Bogenhalle aufgelöst. So wird die Verbindung von Marktplatz und Rathaus noch enger. Im ersten Obergeschoß ist seitwärts ein ganz mit bildhauerischer Zier überdeckter Erker vorgebaut. Ein dreistufiger Mittelgiebel bildet den prächtigen Abschluß der Fassade. Der Baumeister ist bisher unbekannt geblieben. Als sicher darf gelten, daß er durch Bauwerke der niederländischen Renaissance beeinflußt worden ist. »Damals, als der Bocholter Rat und die Bürgerschaft ihr Rathaus bauen ließen, gab es noch keine Grenzen im heutigen Sinne. Gemeinsam schufen Münsterländer, Holländer und Südniederländer dieses prächtige Bauwerk. Es ist eines der letzten Beispiele der nordwestdeutschen Baukunst vor dem Dreißigjährigen Krieg« (Mummenhoff). Die Bocholter errichteten es als ein Zeichen ihrer städtischen Freiheit und einträchtigen Bürgergemeinschaft, Güter, die ihnen nun, wo sie gefährdet waren, umso wertvoller wurden. Davon sollte es dem Fremden künden, daran sollte es die eigenen Bürger immer wieder eindringlich erinnern: »Unio civium, iustitiae vinculum — Die Eintracht der Bürger ist der Gerechtigkeit Band« war als Inschrift über dem Haupteingang zu lesen. Im gleichen Jahr, da der Grundstein zum Rathaus gelegt wurde, entbrannte der Dreißigjährige Krieg. Es dauerte nicht lange, da standen seine Truppen auch vor den Toren Bocholts. Wie die anderen münsterischen Städte mußte Bocholt die Truppen der Liga, die zum Schutze des Landes gegen den tollen Christian herbeigerufen waren, in harte Winterquartiere aufnehmen. Da die Städte sich zunächst weigerten, entzog ihnen der erzürnte Fürstbischof fast alle Privilegien, insbesondere die freie Ratswahl. Als er sie später zurückgab, behielt er sich jedoch die Bestätigung der Ratswahl vor und bekam damit die Besetzung des Rates in seine Hand. — 1633 erzwang der Landgraf von Hessen-Kassel, nachdem er Dorsten, Coesfeld und Dülmen erobert hatte, auch die Übergabe Bocholts. Die kaiserlichen bzw. münsterischen Truppen versuchten mit Erfolg, Bocholt zurückzuerobern. Aber 1635 nahmen die Hessen mit einer fünf Tage und fünf Nächte währenden Plünderung, die nichts verschonte, Bocholt wieder ein und behielten es in ihrer Hand. Sie machten die Stadt zu ihrem Hauptstützpunkt und begannen 1642, sie zu einer modernen Festung nach der in den Niederlanden hochentwickelten Festungsbaukunst auszubauen. Die Kosten hatte die Stadt zu tragen, die Bürgerschaft wurde monatelang zu Erd- und Schanzarbeiten herangezogen. Der Stadtkommandant bezog 1646 zu seiner Hofhaltung das Rathaus. Nach dem Westfälischen Frieden hielten die Hessen Bocholt noch anderthalb Jahre als Pfand besetzt. Als sie am 15. Mai 1650 nach Schleifung der Außenwerke der Befestigung abzogen, war die Stadt verarmt und ruiniert, durch Pest und Auswanderung entvölkert. Über 500 Häuser lagen wüst und verlassen. Die Bürger seufzten unter dem Druck einer hohen Schuldenlast, die 1659 mit 102610 Rtlr. angegeben wird. Fürstbischof Christoph Bernhard von Galen verordnete 1670, daß alle, die ein zerstörtes oder baufälliges Haus aufbauten, fünf Jahre von allen Steuern und Abgaben befreit sein sollten. Auch seinem Nachfolger, dem Fürstbischof Ferdinand, klagte der Rat 1681 »den erbärmlichen Zustand der Stadt« und bat ihn, »zu ihrer Errettung aus ihrer Beschwerlichkeit und Schuld einige Willfahrung zu tun«.

Das 17. und 18. Jahrhundert waren Zeiten mühevollen Ringens um den Wiederaufstieg aus Armut und Not. Mit der Zunahme der Baumseidenverarbeitung begann die wirtschaftliche Lage der Stadt und ihrer Bürger sich allmählich zu bessern. Die Zahl der Zunftmeister stieg, die Produktion nahm einen größeren Umfang an und fand besonders in den benachbarten Niederlanden Absatz.

Mit der französischen Revolution kam die Zeit großer politischer Umwälzungen und langjähriger Kriege. Wie die anderen geistlichen Staaten wurde auch das Fürstbistum Münster aufgehoben. Die Ämter Bocholt und Ahaus wurden den Fürsten Salm-Salm und Salm-Kyrburg zugesprochen und zum Fürstentum Salm vereinigt. Bocholt wurde Regierungssitz des neuen Territoriums. 1810 schon hob Napoleon das Fürstentum Salm auf und vereinigte es mit dem französischen Kaiserreich. Bocholt erhielt französische Munizipalverfassung und Gesetzgebung. Die Zünfte wurden aufgehoben und Gewerbefreiheit eingeführt. Die Stadt zählte 1811 3505 Einwohner; davon waren 3345 Katholiken, 18 Lutheraner, 45 Reformierte und 97 Juden. 86 Familien galten als bemittelt, 347 als weniger bemittelt, 201 aber als unbemittelt. Die Fremdherrschaft legte der Stadt hohe Steuern auf. Die unaufhörlichen Durchzüge französischer Truppen forderten Fouragelieferungen, die nie vergütet wurden. Einquartierungen, Truppenaushebungen, Pferdelieferungen dauerten an und erregten allgemeine Unzufriedenheit.

Nach der Befreiung von der französischen Fremdherrschaft wurde mit dem ganzen Oberstift Münster auch Bocholt durch den Wiener Kongreß Preußen zugeteilt. Durch Patent vom 21. Juni 1815 vereinigte König Friedrich Wilhelm III. die westfälischen Gebiete mit dem preußischen Staate. Bei der Kreiseinteilung des Regierungsbezirkes Münster 1816 kam die Stadt Bocholt zum Kreis Borken.

In der ersten Hälfte des 19. Jahrhunderts blieb Bocholt eine arme Stadt, die durch hohe Schulden aus den letzten Jahrzehnten, aber auch aus den vergangenen Jahrhunderten belastet war. In dem politischen Auf und Ab bildete die Baumseidenverarbeitung das wichtigste Gewerbe der Bevölkerung. Sie arbeitete aber noch ganz in den überlieferten Formen des Handbetriebs und der Heimarbeit. Die »Verleger« oder »Fabrikanten« besorgten den Rohstoff, die Garne, die der Weber verwebte; dieser lieferte die fertigen Stücke an den Fabrikanten, der sie dann auf seinen Handelsreisen, vor allem in den benachbarten

Niederlanden, verkaufte. Nach einer 1816 aufgestellten Statistik gab es damals in Bocholt 14 Fabrikanten, die 420 Weber, 420 Spuler, 21 Rauher und 17 Handspinnmaschinen beschäftigten; sie stellten 28400 Stück Baumwollwaren im Werte von 142000 Talern her. Nach Aufhebung der von Napoleon gegen England verhängten Kontinentalsperre litt das Bocholter Gewerbe sehr unter der Konkurrenz der englischen Waren, die, schon im mechanischen Verfahren hergestellt und während der Kontinentalsperre aufgestapelt, nun zu billigen Preisen auf den europäischen Markt gebracht wurden. Hinzu kam, daß die niederländische Regierung 1826 auf alle Einfuhrartikel und damit auch auf die Bocholter Baumseidenwaren einen beträchtlichen Zoll legte. Bocholt verlor sein Hauptabsatzgebiet. Die Baumseidenverarbeitung ging sehr zurück. Not und Armut kehrten in viele Familien ein. 1848 heißt es in einem Bericht: »Bei der fortfahrenden und zunehmenden Arbeitslosigkeit greift die Armut sehr um sich und wir sehen deshalb einer düsteren Zukunft entgegen, wenn Handel und Gewerbe noch mehr ins Stocken geraten und sich nicht bald wieder heben.« Neue Absatzgebiete mußten erschlossen, gute Verkehrswege geschaffen, und vor allem mußte die Baumwollverarbeitung auf moderne Betriebsformen umgestellt werden.
Kurz nach 1850 führten Bocholter Fabrikanten die Dampfmaschine ein und begannen mit der Anlage mechanischer Textilbetriebe. 1855 lief die erste mechanische Spinnerei mit modernen Einrichtungen, 1857 und 1859 wurden die ersten mechanischen Webereien errichtet. Heimarbeit und Hausweberei gingen über in den Fabrikbetrieb. Besonders nach dem Kriege 1870/71 nahmen die Textilbetriebe von Jahr zu Jahr zu. 1900 war die Zahl der Spinnereien auf sieben mit 113500 Spindeln und die der Webereien auf 53 mit 6050 Webstühlen angewachsen; im Veredelungsgewerbe arbeiteten acht Färbereien, 13 Druckereien und neun Bleichereien.
Der Ausbau der Landstraßen, mit dem 1845 begonnen wurde, und der Anschluß an das Schienennetz — 1878 wurde als erste die Strecke Bocholt—Wesel eröffnet — brachten bessere Verkehrsverbindungen.
In den sechziger Jahren faßte auch die eisenverarbeitende Industrie in Bocholt Fuß. Ihre Fertigung war zunächst auf den Bedarf der Textilindustrie — Maschinen und Ersatzteile — eingestellt. Durch bedeutende Unternehmen entwickelte sich dieser Industriezweig so, daß seine Produktion sich über den einheimischen Bedarf hinaus auf den in- und ausländischen Markt ausrichtete. — In jüngerer Zeit kam zur Textil- und Eisenindustrie die Niederlassung eines namhaften Werkes der deutschen Elektroindustrie.
Mit diesem Aufblühen der Industrie erfuhr das städtische Leben eine durchgreifende Veränderung. Die Bevölkerungszahl, die 1850 4741 betrug, war 1900 auf 21510, 1930 auf 32800 und 1939 auf 35000 Einwohner gestiegen.
Die seit Jahrhunderten durch die Stadtmauer gebildete Grenze des bebauten Stadtgebietes wurde nach allen Seiten hin überschritten. Die Stadt wuchs in die Feldmark hinein, wo die Fabriken errichtet und die Siedlungen für die Arbeiter gebaut wurden. Soziale Woh-

nungsbau-Unternehmen stellten sich die Aufgabe, gesunde und billige Wohnungen für die minderbemittelte Bevölkerung zu schaffen. Damit die Bebauung weiterhin nicht planlos und willkürlich erfolgte, beschloß die Stadtverordnetenversammlung 1896 ein Ortsstatut über die Bebauung der Stadt Bocholt und einen neuen Bebauungsplan. Ein umfangreiches Bauprogramm brachten die Jahre unmittelbar vor dem Ersten Weltkrieg, als Bocholt eine öffentliche Strom- und zentrale Wasserversorgung erhielt, die Kanalisation durchgeführt und mit der Umpflasterung der Straßen in der Innenstadt begonnen wurde.

Das Wachsen der Bevölkerung stellte auch auf dem Gebiet des Schulwesens Aufgaben in der Errichtung neuer Volksschulen, dem Ausbau der höheren Schulen und der Gründung von Berufsschulen.

Die alte Pfarre St. Georg, die das gesamte Stadtgebiet und ein weites Kirchspiel in den umliegenden Bauerschaften umfaßte, war zu einer Riesenpfarre angewachsen. Mit der Errichtung der Pfarren Liebfrauen und St. Josef 1901 begann die notwendige Aufteilung ihres Sprengels. — Die evangelischen Mitbürger, die 1818 die ehemalige Klosterkirche der Augustinerinnen am Schonenberg erworben hatten, bauten 1901 für ihre wachsende Gemeinde ein neues und größeres Gotteshaus an der Münsterstraße.

Die Entfaltung des städtischen Lebens auf allen Gebieten darzulegen, ist hier nicht möglich. Die Stadtverwaltung selbst wurde, um die vielen Aufgaben tatkräftig lösen zu können, erweitert, in Fachabteilungen neu organisiert und mit den erforderlichen Sachbearbeitern besetzt. 1923 schied die Stadt Bocholt aus dem Landkreis Borken aus, dem sie seit 1816 angehört hatte, und bildet seitdem einen eigenen Stadtkreis.

Was in Jahrhunderten aufgebaut war, wurde in den letzten Wochen des Zweiten Weltkrieges zerschlagen. In den Märztagen 1945 erlitt die Stadt Bocholt mehrere Luftangriffe, am 22. März wurde sie durch einen Großangriff zu 80 Prozent zerstört. Ein Flächenbrand vernichtete die Innenstadt. Viele Wohnviertel wurden in Trümmer gelegt, die Geschäftshäuser, Werkstätten und Industriebetriebe schwer beschädigt, zum großen Teil bis auf die Grundmauern zerstört.

Mit beispielhafter Energie gingen die Bürger Bocholts an den Wiederaufbau ihrer Stadt. Die Hauptsorge galt zunächst der Instandsetzung lebenswichtiger Betriebe, dann der Wiederherstellung von Wohnungen und Arbeitsstätten. Für die Innenstadt wurde ein Neuordnungsplan aufgestellt, der am 19. August 1946 die Zustimmung der Stadtverordnetenversammlung erhielt und kurz darauf, am 1. Oktober 1946, von der Bezirksregierung in Münster genehmigt wurde.

»Immer wieder hat mich beeindruckt, daß hier im Westmünsterland sich etwas geformt hat, das ein eigenes Gesicht hat, ein eigenes Gesicht, das furchtbar zerstört und geschändet war und das wiedergekehrt ist aus der Kraft des Organismus, den diese Stadt darstellt, aus der Kraft des Lebens, das diese Stadt hat.« (Regierungspräsident Dr. Schneeberger 1964)

Elisabeth Bröker

17 Kaufmännische Schulen an der Herzogstraße
Commercial schools at the Herzogstrasse
Handelsscholen aan de Herzogstraße

18 Merkur, Sandsteinfigur (17. Jahrhundert) im Garten des Hauses Woord, wahrscheinlich Arbeit des münsterischen Bildhauers Joh. Mauritz Gröninger

Mercury, sandstone sculpture (17th century) in the garden of Woord house, most probably created by the sculptor Joh. Mauritz Gröninger of Münster

Mercurius, een beeld van zandsteen (zeventiende eeuw) in de tuin van het „Haus Woord", waarschijnlijk een werk van de Munsterse beeldhouwer Joh. Mauritz Gröninger

19 Haus Woord, altes klassizistisches Bocholter Bürgerhaus

Woord house, an old patrician house from the period of classicism

Het „Haus Woord", een oud, classicistisch Bocholts burgerhuis

21 Mit den traditionellen Rübenfackeln ziehen die Kinder am St.-Martinstag durch die Stadt
With the traditional 'turnip torches', the children are marching through the town on St. Martin's day
Met de traditionele, uit suikerbieten gesneden lampions trekken de kinderen op Sint-Maarten (11 november) door de stad

20 In Bocholt gibt es eine besondere niederländische Abteilung der Stadtbücherei mit 2275 Bänden
The municipal library of Bocholt disposes of a special department for Dutch books, comprising 2,275 volumes
De stadsbibliotheek in Bocholt heeft een speciale Nederlandse afdeling met 2275 boeken

ST. MART

22/23 Wohnen in Bocholt: Terrassenhäuser in der Löverick-Siedlung, 1965 die ersten ihrer Art in der Bundesrepublik

Living in Bocholt: Terrace-type houses in the Löverick residential quarter; they were, in 1965, the first ones to be erected in the Federal Republic of this type

Terrashuizen in de buitenwijk de Löverick-Siedlung, in 1965 de eersten in hun soort in de Bondsrepubliek

24 Innenraum der St.-Norbert-Kirche, 1965 erbaut im Mittelpunkt der Löverick-Siedlung
The interior of St. Norbert's church, built in 1965 in the centre of the Löverick housing area
Interieur van de St.-Norbert-Kirche, in 1965 gebouwd in het centrum van de Löverick-Siedlung

25 Sozialbauwohnungen in der Giethorst-Siedlung (1963)
The Giethorst housing area (erected in 1963), a programme performed under the publicly assisted house-building
Door de overheid gesubsidieerde woningen in de Giethorst-Siedlung (1963)

26 Die Bärenfamilie, Sandsteinskulptur vor der Edith-Stein-Hauptschule in der Giethorst-Siedlung
The 'family of bears', a sandstone sculpture in front of the Edith Stein school within the Giethorst housing area
De berenfamilie, sculptuur in zandsteen voor de Edith-Stein-Hauptschule in de Giethorst-Siedlung

27 Die Parksiedlung Heuting-Esch im Osten der Stadt
The open-air suburban colony Heuting-Esch in the Eastern outskirts of the town
Het tuindorp Heuting-Esch in het oostelijk deel van de stad

28 St. Paul, Mittelpunkt der Parksiedlung Heuting-Esch, Kirchenbau des Architekten Gottfried Böhm
St. Paul's, the central point of the open-air suburban quarters of Heuting-Esch
De St.-Paul, middelpunt van het tuindorp „Heuting-Esch"

29 Die Parksiedlung »Am Erzengel«, nach Entwürfen von Prof. Deilmann entstanden
The open-air suburban colony "Am Erzengel" ('Archangel housing area') which has been built according to designs made by Prof. Deilmann
Het tuindorp „Am Erzengel", gebouwd naar ontwerpen van Prof. Deilmann

30 Der Langenbergpark, in unmittelbarer Nähe des Zentrums
The Langenberg park, situated immediately in the centre of the town
Het Langenbergpark, in de directe omgeving van het centrum

31 Im Stadtwald läßt es sich stundenlang wandern und die Natur genießen
In the municipal forest, promenaders may walk for hours and hours and enjoy the open fields of nature
In het „Stadtwald" kan men urenlange wandelingen maken en van de natuur genieten

32 Clemens-August-Siedlung, ein Wohnviertel im Grünen mit St. Paul
Clemens-August housing area — a residential quarter in the open air, with St. Paul's church
De Clemens-August-Siedlung, een woonwijk in het groen, met de St.-Paul

Ein Tag in Bocholt

Wer nach Bocholt kommt, ohne vorher auf die Landkarte gesehen zu haben, wird verwundert feststellen, nicht mehr im Ruhrgebiet zu sein. Was dem Besucher an vielfältiger Stadtkultur, hübschen Häusern mit sauberen Gardinenfenstern und gepflegten Vorgärten begegnet, muß ihn an Holland erinnern. Die weite Ebene, von vielen Wassern und Seen durchzogen, Windmühlen, mit Birken, Weiden und Kiefern bestandene Wäldchen gehören zum Panorama einer Landschaft, die das Urstromtal des Niederrheins im Westen und Süden wesentlich geformt hat. Wir nennen es den Westzipfel des Westmünsterlandes, rund neunzig Kilometer von der ehemaligen Provinzialhauptstadt Westfalens entfernt. Hier liegt Bocholt an der heute unsichtbaren Grenze zwischen Rheinland und Westfalen, einer Grenze übrigens, die neben der niederländischen Staatsgrenze, die die Stadt in knapp sechs Kilometer Entfernung berührt, eine bedeutende Rolle für Geschichte und Entwicklung der Stadt gespielt hat.

Bocholt, als Stadt gerade 750 Jahre alt und seit 1923 kreisfrei, empfängt seinen Besucher am Rathaus, wo sich mittelalterliche Heer- und Handelswege kreuzten. Von hier hat man ohne Kompaß die Möglichkeit, in alle vier Himmelsrichtungen zu bummeln. Das Rathaus, als Stadtmittelpunkt und kulturhistorisches Baudenkmal gleichermaßen bekannt, rühmt sich nicht nur seines Baustils besonders gediegener niederländischer Backsteinrenaissance, sondern auch als Symbol und Stätte bodenständigen Bürgertums, ordnender Verwaltung und sprichwörtlicher Sparsamkeit seiner Stadtväter. 1618 zu Beginn des Dreißigjährigen Kriegs gebaut, zahlten die Bürgermeister fast zweihundert Jahre lang geliehene Gelder ab. 1956 baulich wiederhergestellt, feierten Steinmetze, Stukkateure, Maurer und Schreiner im Jahre 1969 die letzte Restaurierung des altehrwürdigen, im Zweiten Weltkrieg bis auf seine Außenfassaden zerstörten Rathauses.

Gleich nebenan, als seien Kirche und weltliche Macht auch örtlich nie ganz voneinander getrennt gewesen, verweilt der Besucher zum kurzen Gebet in der gotischen Pfarrkirche Sankt Georg. Ludger, der erste Bischof von Münster, war es wohl, der vor 555 Jahren auf seinen missionarischen Wegen zwischen Friesland und der unteren Ruhr die Pfarre Bocholt gründete, eine der größten seines Bistums. 1415 beschlossen die Bürger Bocholts, anstelle der alten, romanischen Kirche ein neues Gotteshaus zu errichten, aber erst 1486 war das große Werk des gotischen Kirchenbaus vollendet.

Am Ostermorgen, dem 1. April 1945, standen nach einem Bombenangriff nur noch der Stumpf des Turms und die Umfassungsmauern der Kirche wie eine große Anklage im Trümmerfeld des kriegszerstörten Stadtkerns. Erst 1950 erhielt die Gemeinde ihr wiederhergestelltes Gotteshaus zurück. Zu den bemerkenswerten Kunstschätzen von Sankt Georg gehören ein gotisches Gabelkreuz als ältestes Bildwerk aus dem Jahre 1350, kostbare liturgische Gefäße und wertvolle Altargemälde. Das Denkmal der trauernden Mutter Maria am Hauptportal der Kirche erinnert an die dunkle Stunde der Feuersglut von 1945 und gemahnt, ebenso wie das 1970 an den Südbrücken entstandene, von der Jerusalemer Bild-

hauerin Ellen Bernkopf geschaffene Mahnmal, an die Opfer des Kriegs und an menschliche Grausamkeit.
Nicht weit von Sankt Georg, nach einem kurzen Bummel über die »Seufzerbrücke« und die Aa-Promenade, lädt das Städtische Kunsthaus an der Salierstraße zu einem Besuch ein. Hier, in einem alten Patrizierhaus, von denen es in Bocholt noch einige gibt (unter anderem Haus Woord), geben sich Künstler aus nah und fern regelmäßig ein Stelldichein. Bocholter Kunstausstellungen sind bedeutende Ereignisse im Kulturleben der 50000-Einwohner-Stadt, die auch ihrem Theater aufmerksames Interesse schenkt. Auf dem Meckenemplatz, nach dem bekannten Bocholter Kupferstecher und Dürer-Zeitgenossen Israhel van Meckenem benannt, wird künftig das neue Rathaus stehen, das zusammen mit einem modernen Bühnenhaus ein integriertes Verwaltungs- und Kulturzentrum sein wird. Jetzt gibt der Platz aus verschiedenen Standortperspektiven noch einen umfassenden Blick in die Innenstadt frei.
Wieder in der City, werden dem Besucher die vielen dicht aneinandergedrängten Geschäfte und das gut sortierte Warenangebot auffallen. Für den gesamten Umraum der Stadt einschließlich der niederländischen Grenzgebiete des Achterhoeks ist Bocholt bevorzugtes Einkaufsziel. Und dazwischen die vielen tausend Radfahrer, die zum lebenden Bild dieser Stadt gehören. Es soll hier so viel »Drahtesel« geben wie Einwohner, und trotzdem hat auch in Bocholt jeder fünfte ein Auto. Man muß sie gesehen haben, die Radkünstler, wie sie vor den Verkehrsampeln, ohne abzusteigen, ihren Tanz vollführen, um dann bei Grün voll in die Pedale zu treten, ein Spiel, das nur für einen geübten und mit den Bocholter Verhältnissen vertrauten Autofahrer ungefährlich ist. Um olympische Ehren radelten Bocholter in Tokio und Mexiko. 1964 brachten sie Gold und Bronze mit nach Hause. Zum »Deutschen Vierer« der Weltmeisterschaften im Verfolgungsrennen der Bahnradsportler, die 1964 im Pariser Prinzenstadion ausgetragen wurden, gehörte ein Bocholter. Radfahren lernt man hier früher als Gehen.
Nach dem Einkauf hat man eine Erfrischung verdient. Die freundliche Bedienung im Café ist sehr bemüht und immer zur Stelle. Im Langenbergpark trifft man sich wieder bei einem Spaziergang unter alten Platanen. Zu jeder Jahreszeit sind die Bocholter Grünanlagen tip-top in Ordnung. Man möchte verweilen und nachdenklich auf einer der vielen weißen Parkbänke Platz nehmen. Hier kann es passieren, mit einem Bocholter ins Gespräch zu kommen und zu »proaten« von damals und so, und wie es heute ist. Wer es eilig hat und nicht Gefahr laufen will, an einem der vielen hundert Steh-Tresen hängen zu bleiben, der sollte noch einen Blick auf Bocholts Wohnsiedlungen werfen, die als vorbildlich und attraktiv im ganzen Lande, ja sogar im benachbarten Ausland bekannt sind. Mancher Fremde, der von der Industrie- und Gewerbestadt zwar beeindruckt, aber nicht unbedingt begeistert ist, kommt aus dem Staunen nicht heraus, wenn er die grünbestandenen, baulich beispielhaft aufgelockerten Wohnsiedlungen besucht. Den Männern von Rat und Ver-

waltung ist es zu danken, daß sie dem Wohnungs- und Schulbau in Bocholt stets absolute Priorität einräumten. Was hier geleistet wurde, kann sich weit und breit sehen lassen. Und noch immer wird fleißig dazugebaut.

Im Stadtwald macht man Pause. Hier erholt man sich auf einer Bank am Wasser oder am Wildgehege. Oder man spaziert auf gewundenen Wegen durch frischen Mischwald und an bunten Rasenrabatten vorbei. Wer gerade Glück hat, erlebt eine Schwanenfamilie mit ihrem gelbgesprenkelten Nachwuchs oder eine Wildentenriege im Formationsflug über den Teichen. Flamingos und Kronenkraniche sehen dem geschäftigen Treiben ihrer schwimmenden Gehegegefährten gelassen zu.

Wenn das Geld reicht, soll der Stadtwald auf vierzig Hektar vergrößert werden, ein Anliegen, das mit dem Größerwerden der Stadt und den Ansprüchen der Menschen auf mehr Freizeit und Erholung zur ernstgenommenen Aufgabe der kommenden Jahre gehört. Der Besucher der Stadt und ihrer reizvollen Umgebung wird feststellen, daß gerade auf dem Gebiet der stadtnahen Erholungsmöglichkeiten vieles getan worden ist. Die Stadt als moderne Leistungsverwaltung und eine intakte Bürgerinitiative werden dafür sorgen, daß der gute Eindruck, den Bocholt auf seine Besucher hinterläßt, erhalten bleibt. Die Einheimischen wissen das. Für sie ist es »nörgends bäter as in Bokelt«. Für den immer willkommenen Gast aber, der alles ein bißchen kritischer sieht, mag dieser vielleicht ein wenig euphorische Stolz ein Musterbeispiel dafür sein, wie sehr dem Bocholter seine Stadt ans Herz gewachsen ist, was er allerdings auch von dem leider wieder scheidenden Besucher hofft.

Bocholt ist keine provinzielle Stadt mehr, wie es jemandem dünken möchte, der sie nicht oder nur aus der Entfernung kennt. Bocholt ist eine lebendige Mittelstadt mit künftig oberzentralen Funktionen in einem zwar überwiegend ländlichen, mit der Zeit aber zunehmend infrastrukturell aufgerüsteten Umraum, der auf solitäre Großstadtaspekte hinweist. Bocholt ist schon immer eine Stadt gewesen, die sich durch zielbewußtes und gemeinsames Streben und Handeln aller Beteiligten einen Namen machen konnte. Nach dem vor wenigen Jahren abgeschlossenen Wiederaufbau des Stadtkerns hat Bocholt weiter an Schönheit und Attraktivität, aber auch an touristischen Vorzügen und Sehenswürdigkeiten gewonnen. Deshalb: Stets willkommen in Bocholt!

Bocholter Mentalitäten

Wollte man Charakter und Gewohnheiten des Bocholter Menschen analysieren, müßte man zunächst feststellen, daß er im Grunde seines Wesens Westfale ist. Er ist es mit großer Hingabe an sein traditionelles Brauchtum und an seine enge Heimat. Aber ein Schuß rheinländischen Bluts läßt sich nicht verleugnen, denn ausgelassene, gleichwohl im Zaum gehaltene Fröhlichkeit bricht immer dann durch, wenn gefeiert wird. Und zum Feiern gibt es im Jahr Gelegenheiten genug. Nicht weniger als sechs Schützenvereine gibt es im Stadtgebiet und eine aktive Karnevalsgesellschaft dazu, die besseren Fasching zu machen weiß als mancher Verein in rheinischen Hochburgen. Bocholts »Nachbarschaften«, aus mittelalterlichen Pumpengemeinschaften hervorgegangen, haben eine alte Tradition und sind aus dem Bürgerleben der Stadt nicht wegzudenken. Die Herbstkirmes bringt den Höhepunkt. Drei Tage steht Bocholt dann Kopf, gründlicher und ausdauernder als anderswo. Man sagt, der Bocholter datiere seine Pläne und Termine nach dem Kirmeskalender. So wichtig ist ihm das größte Familienfest des Jahres!

Freilich gibt es den Urtyp des Bocholters nicht. Zu viele Fremde sind durch diese Grenzlandschaft gezogen und hier ansässig geworden. In seiner 750jährigen Stadtgeschichte mußte Bocholt mehr als die Hälfte der Zeit Krieg und Kriegsfolgen ertragen und erdulden. Trotzdem oder vielleicht gerade deshalb hat sich ein Menschenschlag entwickelt, der heute als Bocholter vor uns steht. Er ist aus jenem Holz geschnitzt, das sich im Buchenbaum, dem Wappen und Siegel der Stadt, symbolisiert: treu, fleißig, hart und stur, kritisch und zunächst einmal immer dagegen.

So drückt sich aus, wie und was der Bocholter fühlt und denkt: Freiheit, vor allem persönliche Freiheit über alles, westfälisch (-preußische) Ordnung, jedoch mit demokratischem Verständnis, christlicher Tugendhaftigkeit und glaubensfester Frömmigkeit. Und im Mittelpunkt die Familie und das Heim. Bocholt ist die geburtenreichste kreisfreie Stadt Nordrhein-Westfalens; 53 Prozent aller Wohnungen und Häuser stehen in persönlichem Eigentum.

Bindeglied zum Traditionellen ist die Eigentümlichkeit der Sprache. Das Bocholter Platt ist reicher an Sprichwörtern und Redensarten als die hochdeutsche Sprache. Natürlich darf man nicht alles gleich wörtlich nehmen, was ins Hochdeutsche übersetzt manchmal recht derb, drastisch oder sogar unfein klingen mag. Um die Wahrheit möglichst deutlich auszusprechen, kommen dabei Worte heraus, die, wenngleich kaum übersetzbar, tiefe Lebensweisheiten beinhalten. Adenauer könnte es gesagt haben, wenn der Bocholter konstatiert, vernünftig werde man erst, wenn man erwachsen ist: »Den Verstand kümp net vör de Jaore«.

Weil der Bocholter, dem Faulheit und Drückebergerei suspekt sind, ein stets vorsichtiger und zurückhaltender Mensch ist, meint auch eine Spruchweisheit: »Man sall dat ünnerste net ut de Kanne drinken«.

Und weil ihn, den Unverwüstlichen, nichts, aber auch gar nichts aus seiner Ruhe bringen

33 Partie an der Aa
On the Aa river
Indruk van het landschap langs de Aa

34 Das Hallenbad an der Meckenemstraße
The indoor swimming pool in the Meckenem-Strasse
De overdekte zweminrichting aan de Meckenemstraße

35 In waldreicher Umgebung das Freibad mit Jonasbrunnen, geschaffen von dem Bildhauer M. Kratz
The open-air swimming pool amidst the woodland, with Jonah's fountain, created by the sculptor M. Kratz
In een bosrijke omgeving ligt het strandbad met de Jonasfontein, een schepping van de beeldhouwer M. Kratz

ZENTRALE
Tel 3539

36 Auf der Radrennbahn am Hünting trifft sich alljährlich die internationale Radbahnelite
At the cycling track on the "Hünting" the élite of international cycling sport is meeting year by year
Op de wielerbaan aan de Hünting ontmoeten elk jaar de internationaal bekendste wielrenners elkaar

37 Ein sommerlicher Nachmittag im städtischen Freibad, das seit 1970 beheizbar ist
An afternoon in summer in the municipal outdoor swimming pool
Een zomerse namiddag in het strandbad, dat sedert 1970 verwarmd kan worden

38 Hauptverwaltung und Werksanlagen der Firma Johann Borgers KG
Head office and mills of Johann Borgers KG
Hoofdkantoor en fabrieken van de fa. Johann Borgers KG

39 »Ibena« Vereinigte Textilwerke Beckmann KG Verwaltungsgebäude
"Ibena" Vereinigte Textilwerke Beckmann KG head-office
„Ibena" Vereinigte Textilwerke Beckmann KG Kantoor

40 Deutschlands größter Konzern der Elektrotechnik, die Berliner Siemens AG, beschäftigt in ihrer Bocholter Niederlassung rund 4000 Menschen, darunter 2100 Frauen

Assembly hall at Siemens AG

Duitslands grootste concern op het gebied der elektrotechniek, de Berlijnse Siemens A.G., verschaft in haar vestiging in Bocholt arbeid aan rond 4.000 mensen, onder wie 2.100 vrouwen

41 Teilansicht eines modernen Websaals mit Sulzer-Webmaschinen in der F. H. Hammersen GmbH – Spinnereien und Webereien

Partial view of a modern Sulzer weaving department of F. H. Hammersen GmbH – spinning an weaving mills

Gedeelte van een moderne Sulzer weefzaal van de firma F. H. Hammersen GmbH – spinnerijen en weverijen

42 Olbrich-Spezial-Maschine zur Tapeten-Herstellung
Olbrich spezial purpose machine for the manufacture of wall papers
Olbrich speciaal machine voor behangselpapierfabrikage

43 Vermessen von Zahnrädern für Großgetriebe in der Firma Flender
Measuring of gear-wheels for heavy-duty gear transmissions in the firm Flender
Meten van tandraderen voor grote machinerieën in de firma Flender

44/45 Die traditionelle Herbst-Kirmes zieht alljährlich viele tausend Besucher von nah und fern an
Every year again, the traditional parish fair in autumn attracts thousands of visitors from far and near
De traditionele najaarskermis trekt elk jaar duizenden bezoekers van heinde en ver

46 In der weiten Ebene des Westmünsterlandes begegnet man noch dem alten Ziehbrunnen
In the wide plains of Western Münsterland you still can find old draw-wells
In de uitgestrekte vlakte in het Westen van Munsterland treft men nog de oude waterput aan

47 In Bocholts Umgebung: Burg Gemen, eine der schönsten Wasserburgen des westlichen Münsterlandes

In the surroundings of Bocholt: Gemen Castle, one of the most beautiful water-castles in the Western Münsterland

In de omgeving van Bocholt ligt de Burg Gemen, een van de mooiste waterburchten in het westelijk deel van Munsterland

48 Blick vom Meckenemplatz über die Aa auf die St.-Georg-Kirche
View from the Meckenem-Platz over the Aa river to St. George's church
Gezicht van de Meckenemplatz over de Aa op de St.-Georg-Kirche

kann, nimmt er sich spöttelnd selbst auf den Arm: »Den kaste met de Biele in de Kunte haun, dann dreit he sick noch net«.
Standhaft, unerschütterlich, ehrsam, zuweilen aber auch für Witz und Humor aufgeschlossen, das ist er, der Bocholter. Und eben drum ist er Westfale (falah = Ansässiger). Schon aus der geschichtlichen Frühzeit wird berichtet, daß sich die westfälischen Volksstämme nicht ohne erbitterte Gegenwehr verdrängen ließen. Die im Raum Bocholt ansässigen Brukterer gehörten zu den ärgsten und grimmigsten Feinden der Römer. Historisch ist nicht belegbar, daß je ein Römer in kriegerischer Absicht das Westmünsterland betreten hat. Die nördlichen Nachbarn der Brukterer, die Chamaven, schafften es dennoch am Ende des ersten Jahrhunderts n. Chr., das Land zu besetzen und bildeten, als sich die germanischen Völkerschaften zu größeren Verbänden zusammenschlossen, einen Teil der salischen Franken. Erst später vermischten sich die Sachsen mit den hier ansässigen Franken. Durch Verschmelzung von fränkischen und sächsischen Volkselementen entstand das sächsische Chamaven- bzw. Hamaland, das sich bis heute durch seine besondere Mundart, Sitten und Gebräuche vom gesamten Münsterland deutlich unterscheidet.
Westfalen also, wenn auch mit charakteristischen Besonderheiten, die auf ihre Unabhängigkeit und Selbständigkeit stets mit Nachdruck gepocht haben. Obwohl es zahllose Verbindungen zum Rhein und immer mehr und neue Annäherungsversuche an der Nahtstelle zwischen dem politisch seit 1947 zusammengeschlossenen Rheinland und Westfalen gibt, scheint der Bocholter wie eh und je schwer zugänglich und verschlossen zu sein. Westfälische Mentalität braucht länger als Entwicklungen vorgezeichnet sind.
Zu 84 Prozent war Bocholt im Zweiten Weltkrieg zerbombt und zerschossen. Trotzdem war Bocholt die erste Stadt, die ihren Kern Anfang der fünfziger Jahre wieder aufgebaut hatte. In Selbsthilfe, versteht sich! Wenn das keine Leistung ist, was zählt dann in unseren Tagen der Superlative noch. Was sich da heute dem Besucher präsentiert, darf ihn, den Einheimischen, mit Stolz erfüllen. Und das weiß er auch, aber er ist dabei auch liebenswürdig und hilfsbereit, vor allem immer korrekt. Die Menschen in dieser Stadt sind es wert, daß man sie kennt und ihren Fleiß anerkennt. Sie haben es verdient.
Ein Spaßverderber ist er auch nicht, der Bocholter. Ein großer Durst, gemeinsam gelöscht, läßt viele auch dem Fremden gegenüber aus der skeptischen Reserve heraustreten. Wie eine Zeitgenossin schrieb, gilt dem Bocholter der Zugereiste zwar nicht als Wahlbocholter, aber als in die Gemeinschaft aufgenommen, auch dann, wenn man es nie lernt, seine Mundart gleich breit und tief im Hals zu artikulieren. Das ist nun mal Bocholter Mentalität.

Hansjörg Laute

There are many roads that lead to Bocholt,

the point of junction for European contacts and impulses between the Western Münsterland, the Lower Rhine and the Dutch province of Gelderland. Bocholt, which in 1972 will count 750 years of age and which will shortly be housing 75,000 inhabitants, thus forming a new centre of a German-Dutch region, can today be regarded as an economic and commercial centre of a triangular area marked by the towns of Arnhem and Enschede as well as the Ruhr Territory. The fine arts, cultural achievements, the building of homes and schools have ever held in this city a prominent position.

Bocholt's eventful history, which in part was caused by its isolated situation near the borders of the Reich, that was lasting for centuries, is leading back as far as to the eighth century. In Franconian annals it can be read that the Franconian king Charlemagne put, in 779, to flight the Saxons near "Buocholt". In order to support the development of Bocholt and to protect its inhabitants from warlike attacks, prince bishop Theodoric III bestowed in 1222 the freedom of the city on the community. After it had come to commercial prosperity, Bocholt extended its fortifications, joined the Hanseatic League as a companion of its defensive and offensive alliance and founded, in 1569, the first 'tree-silk board' with the statutes of a guild, which became necessary due to the tree-silk trade that, in turn, had arisen from the wool and linen processing industries at home since long ago in this town.

At that time, Bocholt counted already three monasteries and its St. George's Church, erected in Gothic style, which belongs up to the present day to the landmarks of the town, together with the old town-hall, which was built between 1618 and 1621 of bricks in the style of Dutch Renaissance.

During the second half of the 19th century, Bocholt experienced a new economic swingup, while tree-silk processing continued to play the most important commercial part. But along with the growing degree of mechanization within the textile industry, iron-processing companies, too, gained a foothold in Bocholt, further new trades settled down in the city and changed its entire economic structure. In 1923, finally, Bocholt was appointed a so-called "district-free town".

The consequences for Bocholt, too, of World War No. II were catastrophic, but today, the town presents itself as a community that finds the admiration of the experts at home and abroad due to its achievements in home-building and the construction of schools. A powerful industry, a broad offer of retail goods and a highly efficient municipal administration have shaped Bocholt to form an entirely new and modern city. The landscape around Bocholt with its numerous pretty water-castles attract visitors from far and near. In Bocholt the first European region, the EUREGIO, was created in close Dutch-German cooperation, which became a model for collaboration across the borders — not only in these both countries. And this is Bocholt's motto for its 750th anniversary as well as for the years to come: City with a European mission!

Vele wegen leiden naar Bocholt,

ontmaetingspunkt van Europese contacten en impulsen, gelegen tussen het westelijke deel van Munsterland, het gebied aan de Beneden-Rijn en de Nederlandse provincie Gelderland. Bocholt, als stad in 1972 750 jaar oud en in de toekomst met 75 000 inwoners het nieuwe centrum van een Nederlands-Duitse regio, geldt heden als een belangrijk economisch middelpunt in een 650 000 mensen tellend verzorgingsgebied in de driehoek Arnhem — Enschede — Roergebied.

Bocholts geschiedenis, rijk aan afwisseling, is ten dele bepaald door het feit, dat de stad sedert eeuwen vlak aan de grens ligt en gaat terug tot in de achtste eeuw. In Frankische rijksannalen kan men lezen, dat Karel de Grote de Saksen in 779 bij „Buocholt" op de vlucht joeg. Om de ontwikkeling van Bocholt te bevorderen en om zijn inwoners in tijd van oorlog te beschermen tegen overvallen, verleende bisschop Dietrich III de gemeente in 1222 het Munsterse stadsrecht. Door de nijvere ambachtslieden tot bloei gekomen, breidde Bocholt zijn verdedigingswerken uit, trad toe tot de Hanze tot wederzijdse bescherming en stichtte in 1569 het eerste gilde der katoenwevers met gilderecht.

Toen had Bocholt reeds drie kloosters en zijn gotische Georgkirche, die nog heden een van de symbolen van de stad is, naast het oude raadhuis, dat tussen 1618 en 1621 in de stijl van de Nederlandse baksteenrenaissance gebouwd is.

In de tweede helft van de negentiende eeuw beleefde Bocholt opnieuw een tijd van economische bloei, waarbij de katoenverwerking de belangrijkste industrie bleef. Met de mechanisatie van de textielindustrie kreeg ook de ijzerverwerkende industrie vaste voet in Bocholt en nadat nog andere takken van industrie zich er gevestigd hadden, veranderde het gehele leven van de stad. Het inwonertal nam toe en daarmee breidde zich ook de woningbouw en het schoolwezen uit.

De gevolgen van de Tweede Wereldoorlog waren catastrofaal, maar de taaie levenswil van de Bocholters, beproofd in de loop van vele eeuwen, bracht buitengewone dingen tot stand. Heden presenteert zich een stad, die door deskundigen in binnen- en buitenland wegens haar enorme prestaties op het gebied van de bouw van woningen en scholen meer bewonderd dan geprezen wordt. Een industrie met een groot productievermogen, een grote verscheidenheid van detailzaken en een gerationaliseerd bestuursapparaat hebben het aanzien gegeven aan een nieuw stadsbeeld, dat in deze orde van grootte zijn weerga niet heeft. De omstreken van Bocholt met de vele fraaie waterburchten en uitstekende voorzieningen voor het toerisme trekken bezoekers van heinde en ver. De van Bocholt uit gaande initiatieven om tot een verenigd Europe te komen, brengen voortdurend politici, experts op het gebied van economie en cultuur, maar ook mensen van alle rassen en nationaliteiten samen, die hier werken en wonen. In Bocholt ontstond, door samenwerking van Nederlanders en Duitsers, de eerste Europese regio, de EUREGIO. Bocholts motto voor het jubileum van de stad en voor de komende jaren: Stad met een Europese taak!

Inhalts- und Bilderverzeichnis

Geschichte der Stadt Bocholt	5
Ein Tag in Bocholt	49
Bocholter Mentalitäten	52
Fremdsprachige Texte	70, 71

Aalandschaft	10, 33
Apostel-Kirche	7
Ellen Bernkopf	14
Johann Borgers KG	38
Clemens-August-Siedlung	32
»Am Erzengel«	29
A. Friedr. Flender + Co.	43
Freibad	35, 37
Burg Gemen	47
Giethorst-Siedlung	25
Edith-Stein-Schule	26
Hallenbad	34
F. H. Hammersen GmbH	41
Heuting-Esch-Siedlung	27
St.-Paul-Kirche	28
IBENA Beckmann KG	39
Karstadt AG	8
Kaufmännische Schulen	17
Kirmes	44/45
Langenbergpark	30
Löverick-Siedlung	22/23
Marktplatz	2
Meckenemplatz	48
Melchior Kardinal v. Diepenbrock	12
Herbert Olbrich KG	42
Osterstraße	4/5
Radrennbahn am Hünting	36
Rathaus	1, 3
St.-Georg-Gymnasium	16
St.-Georg-Kirche	6, 11
St.-Martinstag	21
St.-Norbert-Kirche	24
Siemens AG	40
Stadtbücherei	20
Stadtwald	31
Südbrücken	9
Theater	15
»Das ungleiche Paar«	13
Westmünsterland	46
Haus Woord	18, 19

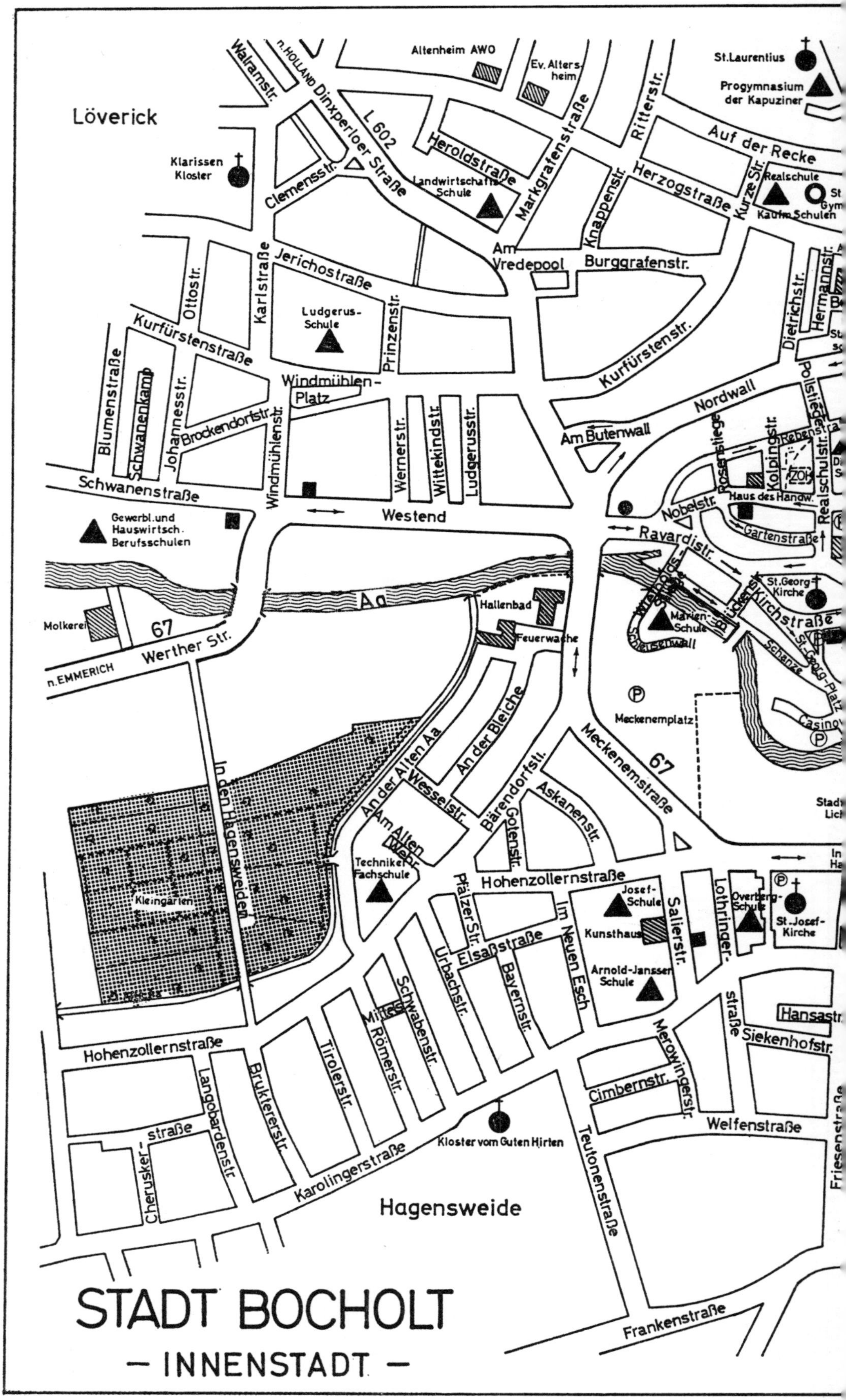

STADT BOCHOLT

– INNENSTADT –